dinosaures

Les dinosaures sont-ils tous géants?

Pourquoi certains sont-ils si gros?

Est-ce qu'ils mangent beaucoup d'herbe?

Quel est le plus terrible des dinosaures?

Comment se défendent-ils?

Est-ce qu'ils sont amoureux?

C'est comment, un «bébé» dinosaure?

Où sont passés les dinosaures?

Conception graphique : Emma Rigaudeau

www.editionsmilan.com
© 2010 Éditions Milan – 300, rue Léon-Joulin, 31101 Toulouse Cedex 9, France.

ISBN: 978-2-7459-4644-7 – Dépôt légal : 3e trimestre 2010 – Imprimé en Italie par Ercom

les dinosaures

Textes de **Pascale Hédelin**
Illustrations de **Sébastien Chebret**

Les dinosaures ont-ils vraiment existé?

Ces animaux si extraordinaires ont bien vécu sur notre Terre. Ils ont laissé différentes preuves de leur existence, que les savants étudient soigneusement : ce sont de vrais trésors pour eux !

Ici, autrefois, un dinosaure est mort au fond de la rivière. Il a été enfoui dans la boue et le sable, et peu à peu, son squelette s'est transformé en pierre. C'est un **fossile**. En général, il n'en reste que des morceaux.

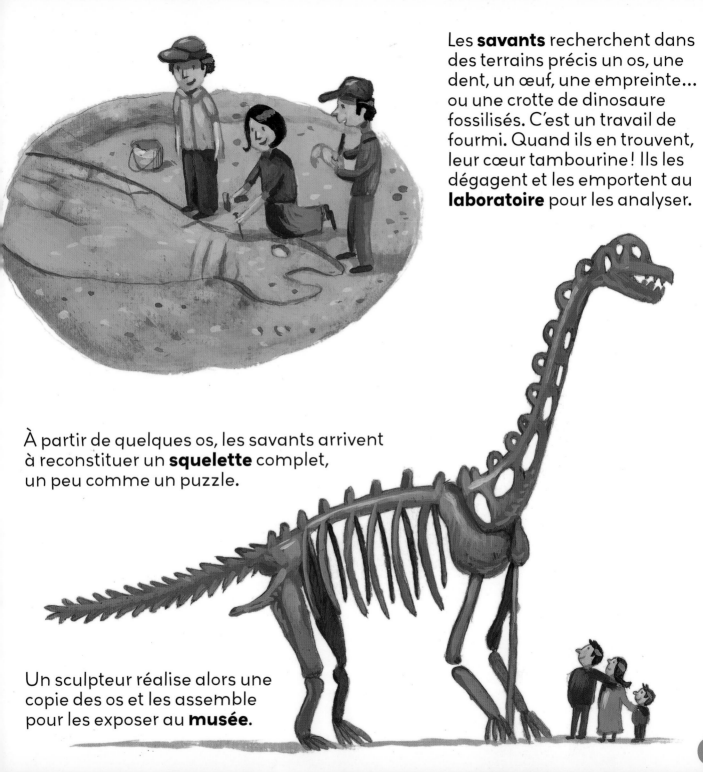

Les **savants** recherchent dans des terrains précis un os, une dent, un œuf, une empreinte... ou une crotte de dinosaure fossilisés. C'est un travail de fourmi. Quand ils en trouvent, leur cœur tambourine ! Ils les dégagent et les emportent au **laboratoire** pour les analyser.

À partir de quelques os, les savants arrivent à reconstituer un **squelette** complet, un peu comme un puzzle.

Un sculpteur réalise alors une copie des os et les assemble pour les exposer au **musée**.

Quand Papy était petit, y avait-il des dinosaures ?

Les dinosaures ont dominé la planète pendant une partie de la préhistoire, l'ère secondaire : c'était il y a des millions d'années. Puis ils ont tous disparu. Aucun humain ne les a connus, mais d'autres animaux vivaient en même temps qu'eux...

De petites bêtes ressemblant à des rats se promenaient sur la planète. Il y avait aussi des **lézards** et des **grenouilles**.

Des crocodiles et des tortues nageaient
dans les fleuves. Les mouches, les araignées,
les scorpions, les sauterelles et les libellules
existaient déjà. Ce sont les **ancêtres**
des animaux que tu vois aujourd'hui.

Le diplodocus et le tyrannosaure se connaissaient-ils?

Tous les dinosaures n'ont pas vécu
en même temps. Par exemple,
quand le tyrannosaure est apparu
sur Terre, le diplodocus n'existait plus.
Impossible qu'ils se rencontrent !

Les dinosaures vivaient-ils partout sur la Terre?

Ces créatures habitaient dans toutes les régions du monde. Mais à leur époque, la Terre était assez différente de celle d'aujourd'hui...

Au temps des premiers dinosaures, il n'y avait sur notre planète qu'une seule grande étendue de terre. Peu à peu, elle s'est **divisée** en deux, comme ici à gauche, au Jurassique puis en plusieurs continents. Ainsi, les dinosaures se sont retrouvés **éparpillés** un peu partout !

À leur époque, il faisait chaud et humide quasiment partout. Il **pleuvait** souvent, ce qui créait des marécages et faisait pousser de nombreuses plantes. C'était idéal pour les dinosaures.

Dans le sud de la **France**, vivaient des ampélosaures, de très grands dinosaures mangeurs de plantes. Notre pays était alors fait d'îles entourées de mers. Il y avait de grandes plaines, mais pas encore de montagnes !

Les dinosaures sont-ils tous géants?

Petits, moyens, grands ou gigantesques... il existe des dinosaures de toutes les tailles. Et leurs formes sont très variées. Découvre-les !

Certains dinosaures sont plus petits que des chats. D'autres, comme le stygimoloch, ont à peu près la taille d'un homme. D'autres encore sont bien plus grands... Et regarde : des crêtes, des piquants, des becs... quelle **diversité** !

Comme les tortues et les serpents, les dinosaures sont des **reptiles**. Mais leurs pattes sont dressées sous le corps et non pas écartées sur les côtés. Cette position est moins fatigante et leur permet de marcher vite, sur 2 ou 4 pattes, au lieu de ramper.

Les savants ont découvert plus de **1000 espèces** différentes à travers le monde. Mais il en existe bien plus, qui sont encore inconnues...

Pourquoi ont-ils des noms bizarres ?

Les scientifiques leur ont donné des noms savants. Certains sont liés à leur corps : tricératops signifie « trois cornes ». D'autres indiquent le lieu de leur découverte : ampélosaure signifie « lézard des vignes ».

Pourquoi certains sont-ils si gros?

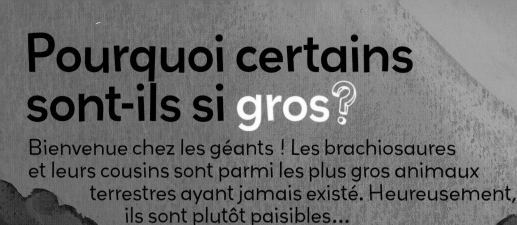

Bienvenue chez les géants ! Les brachiosaures et leurs cousins sont parmi les plus gros animaux terrestres ayant jamais existé. Heureusement, ils sont plutôt paisibles...

Les dinosaures très lourds se déplacent **lentement** et gaspillent moins d'énergie que les petits. Leurs 4 pattes très musclées soutiennent bien leur poids, comme des piliers.

Plus long que 2 autobus, le brachiosaure **impressionne** ses ennemis par sa taille. Même les très gros carnivores, comme l'allosaure, hésitent sûrement à l'attaquer !

Grâce à son très long cou, le brachiosaure peut atteindre le haut des grands arbres afin d'en croquer les feuilles. Pratique ! S'il vivait encore aujourd'hui, il pourrait toucher le toit d'un immeuble de 5 étages ! Il doit **manger beaucoup** pour nourrir son grand corps.

Combien pèse le plus lourd des dinosaures ?

Le champion des poids lourds est l'argentinosaure. Il ressemble au brachiosaure... en plus grand. On pense qu'il pèse 80 tonnes, autant que 12 éléphants ! Avant de devenir adulte, il a grossi de 50 kilos par jour.

Est-ce qu'ils mangent beaucoup d'herbe?

Les herbivores, très nombreux, se nourrissent de toutes sortes de plantes et passent beaucoup de temps à manger. Chacun croque ce qui est à portée de sa gueule, selon sa taille.

Au **menu** des herbivores : des feuilles, des aiguilles, des branches, des pommes de pin... bref, des aliments assez durs et difficiles à digérer.

L'ouranosaure peut les **mâcher**, mais d'autres espèces avalent des **cailloux** qui écrasent la nourriture dans leur ventre.

Les plantes à fleurs, courtes et tendres, sont parfaites pour les plus petits. Mais les dinosaures mangent **très peu d'herbe**, car elle n'a existé qu'à la fin de leur époque.

Quels **dégâts**!
Pour satisfaire leur appétit, les gros dinosaures arrachent des branches entières.

Ils tuent ainsi beaucoup d'arbres. Ils doivent donc voyager sans cesse pour trouver de nouveaux lieux où se nourrir.

Comment sait-on à quoi ils ressemblent⁇

Les fossiles de dinosaures portent la trace des muscles, la marque d'une crête... Cela permet aux savants de reconstituer à peu près ces animaux. Mais ils peuvent se tromper et il reste encore des mystères !

Autrefois, on croyait que l'iguanodon avait une corne sur le nez. Puis on a compris que c'était une énorme griffe. Au fait, de quelle **couleur** sont les dinosaures ? On l'ignore...

Il y a peu de temps, on a découvert des traces de **plumes** sur des fossiles de dinosaures. On pense donc que beaucoup d'entre eux en portaient : elles leur tenaient chaud, mais ils ne volaient pas. Le tyrannosaure en avait peut-être...

On ne sait pas toujours comment était leur **peau** : bosselée, couverte de plaques ou d'écailles ? En tout cas, elle protégeait les dinosaures de la chaleur... et des mauvais coups !

Comment chassent-ils ?

Selon leur espèce, les dinosaures ont différentes tactiques de chasse... et de pêche : les plus lourds guettent leurs proies, les plus agiles les poursuivent.

Le pélécanimimus, plutôt agile et rapide, **poursuit** de préférence de petites bêtes, comme des insectes ou des lézards.

Le baryonyx est grand... et pas très vif. Il chasse **à l'affût** : immobile, il se cache au bord de l'eau et guette les poissons. Il les capture dans sa gueule de crocodile ou avec ses très longues griffes. Il attrape aussi de petits iguanodons **par surprise**.

Des griffes, des dents, des muscles... : les chasseurs sont **bien équipés** ! Et pour détecter leurs proies, ils utilisent leurs **sens** : la vue et l'odorat en particulier. Et gare : certains sont particulièrement **intelligents** !

Est-ce qu'ils chassent à plusieurs ?

Certains oui, en particulier les plus rapides, comme les deinonychus. Ils poursuivent leur proie en meute, jusqu'à l'épuiser, à la manière des loups. Puis, tous ensemble, ils bondissent sur elle.

21

Quel est le plus terrible des dinosaures ?

Les grands dinosaures carnivores, c'est-à-dire se nourrissant de viande, sont des chasseurs puissants et redoutables. Mais certains petits qui chassent en groupe sont sans doute encore plus dangereux...

Quel monstre ! Le tyrannosaure est **géant** et très fort. Il attaque ses proies par surprise et les mord avec sa gueule énorme remplie de **dents tranchantes**. Mais il ne court pas vite et ce paresseux se nourrit aussi de bêtes mortes.

Le dilophosaure est costaud, **rapide**...
et impressionnant. Mais sa mâchoire
n'est pas très puissante et il
attaque probablement des
proies plus petites
que lui.

Les vélociraptors sont petits, mais gare à eux : **rusés** et
agiles, ils bondissent de toutes leurs forces sur leurs
victimes. Les longues **griffes** de leurs pieds
les déchirent comme des poignards.
Ce sont de vrais tueurs !

Comment
se défendent-ils?

Pas question de se laisser manger tout crus! Les herbivores ont différents moyens de se défendre, seuls ou à plusieurs. Et malgré leur air tranquille, ils peuvent être redoutables!

Vivre en groupe, c'est bien utile pour **s'entraider**. Face à la menace d'albertosaures affamés, les centrosaures peuvent former un **cercle** et protéger leurs petits à l'intérieur. Attention à leur grande **corne**!

Rien de tel qu'une bonne **armure** hérissée de piquants pour se protéger ! De plus, l'ankylosaure a une arme terrible : la **massue** au bout de sa queue, très lourde, peut casser la tête d'un ennemi.

Pour se défendre, le diplodocus **fouette ses ennemis** avec sa longue queue. Souple et puissante, elle s'abat à toute allure sur leurs pattes, leurs yeux... Elle peut s'enrouler autour d'eux ou les renverser.

Est-ce qu'ils parlent entre eux?

Comme tous les animaux, les dinosaures ont des choses à se dire : « Va-t'en, ici c'est chez moi ! », « Alerte ! », « J'ai faim ! »... Ils communiquent à leur manière.

Les dinosaures peuvent sans doute **changer de couleur** pour exprimer leur humeur. Le stégosaure faisait peut-être rougir ses plaques, pour impressionner ses ennemis ou pour attirer une femelle.

Les petits dinosaures poussent sans doute des gazouillis d'oiseaux : **Tchiii** ! Les géants ont des cris puissants et graves : **Poôhh** ! Le parasaurolophus gonfle ses joues et souffle de l'air par le nez dans sa crête en forme de tube : cela provoque un grondement sourd : **Brrôô** !

Les **mouvements** du corps, des pattes, de la tête... font partie du langage des dinosaures. D'après toi, ce troodon est amical ou menaçant ?

Les dinosaures savent-ils nager?

Les dinosaures ne vivent pas dans l'eau, mais ils savent nager, même les plus gros. Dans les mers, il y a différentes sortes de reptiles marins. En voici : ce ne sont pas des dinosaures !

L'ichtyosaure ressemble au dauphin. Sa queue puissante le **propulse vite**. Il ne pond pas d'œufs et ses petits savent nager dès la naissance.

Gare au pliosaure ! Ce gros costaud repère ses proies à l'odeur et les mord très fort. Il peut **chasser de grandes proies**, tels le plésiosaure et l'ichtyosaure que tu vois ici. Comme tous les reptiles marins, il respire hors de l'eau, sans doute par la bouche.

Le plésiosaure a un très long cou et une petite tête. Il **nage bien**, grâce à ses 4 grandes nageoires. Il est impressionnant mais poursuit de petites proies, comme ces ammonites.

Les dinosaures et les reptiles marins se battent-ils?

Ces animaux vivent dans 2 mondes différents, il n'y a pas de raison qu'ils se combattent. Mais si un petit dinosaure va se baigner en mer, il peut se faire dévorer !

29

Les dinosaures savent-ils voler?

Dans le ciel préhistorique, d'étranges créatures volent. Elles ont de grandes ailes faites de peau et un long bec parfois armé de dents. Ce ne sont ni des oiseaux ni des dinosaures, mais des reptiles volants.

Quel énorme bec a le dimorphodon! Comme tous les reptiles volants, ses ailes sont munies de **3 grands doigts griffus**.

Le ptéranodon bat fort des ailes pour s'élever dans le ciel. Puis il peut **planer** pendant des heures, en prenant appui sur l'air. Au sol, il marche sur ses 4 pattes.

Voici le plus grand des reptiles volants :
le quetzalcoatlus. Ses ailes étalées ont
la longueur d'un **autobus** ! Mais il est
léger : il a le poids d'un homme.

Certains petits dinosaures
à plumes, qui courent
et grimpent, se sont peu
à peu **transformés en
oiseaux.** Le plus ancien
oiseau connu est
l'archéoptéryx.

Est-ce qu'ils sont amoureux?

Quand vient la saison des amours, les mâles et les femelles se rencontrent. Pour plaire aux femelles et s'accoupler avec elles, les mâles « font le beau » et se bagarrent !

Bam ! ces deux mâles pachycéphalosaures **se combattent** à coups de tête. Ils ne se font pas bien mal, leur crâne est couvert d'une solide bosse. Le vainqueur aura le droit de devenir papa.

Pour **séduire sa belle**, le tricératops déploie sa collerette. Celle-ci change peut-être de couleur. La femelle choisit le mâle ayant la plus grande collerette, ou le plus fort, ou le plus dégourdi, pour faire des petits avec lui.

On ne sait pas s'il y a des **différences** entre mâles et femelles. Peut-être que l'hadrosaure mâle a une crête plus longue que la femelle. Mais ils **se reconnaissent** très bien entre eux, à l'odeur par exemple.

Les dinosaures vivent-ils en famille?

Mystère ! On pense que certains vivent en troupeaux, regroupant des adultes et des petits. D'autres sont sans doute solitaires et se retrouvent seulement pour se reproduire. Mais on n'en est pas sûr !

33

C'est comment, un « bébé » dinosaure ?

Les dinosaures pondent des œufs. À la naissance, certains petits sont capables de se débrouiller tout seuls et quittent le nid. D'autres sont chouchoutés par Papa et Maman.

Pour protéger ses œufs et les tenir au chaud, la femelle oviraptor **les couve**.

D'autres dinosaures **les enterrent** au chaud. Le diplodocus, par exemple, ne couve pas : il est bien trop lourd !

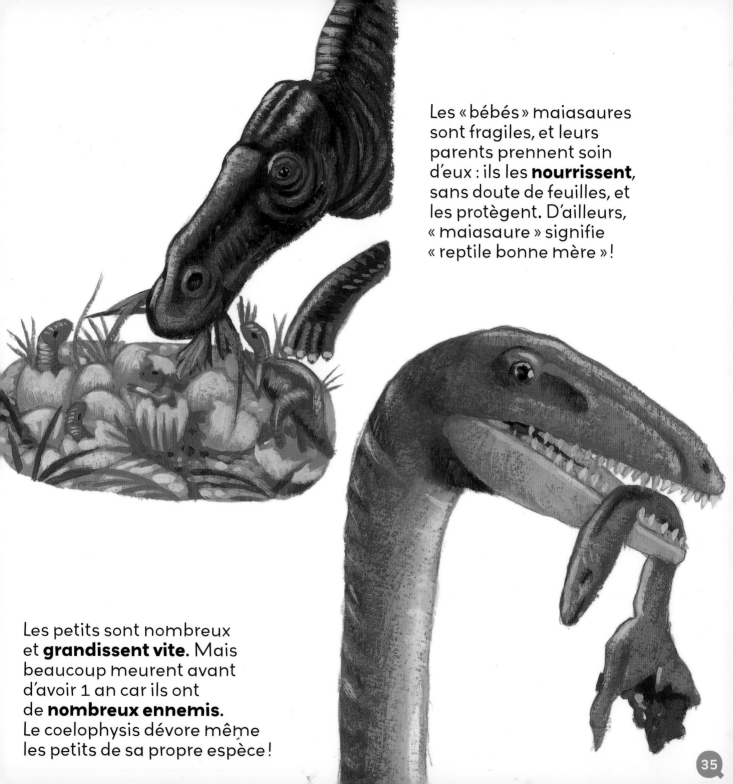

Les « bébés » maiasaures sont fragiles, et leurs parents prennent soin d'eux : ils les **nourrissent**, sans doute de feuilles, et les protègent. D'ailleurs, « maiasaure » signifie « reptile bonne mère » !

Les petits sont nombreux et **grandissent vite.** Mais beaucoup meurent avant d'avoir 1 an car ils ont de **nombreux ennemis.** Le coelophysis dévore même les petits de sa propre espèce !

Où sont passés les dinosaures ?

Aucun autre animal n'était plus fort que les dinosaures.
Pourtant, ils ont fini par tous disparaître de la Terre,
à cause d'un grand événement... encore mystérieux !

Un jour, une énorme roche venue de l'espace
s'est écrasée sur Terre. Ce choc a causé une terrible
explosion ! Cela a provoqué des tremblements
de terre, les mers ont débordé...

De plus, de très gros **volcans** sont entrés
en éruption. Les gaz et les nuages de
cendres qui s'en sont échappés ont caché
la lumière du soleil. La Terre s'est retrouvée
plongée dans l'obscurité et le froid.

Sans lumière, les plantes sont mortes. Peu à peu, les dinosaures sont sans doute **morts de faim et de froid**, ainsi que les reptiles marins et volants. D'autres animaux, comme les crocodiles, les oiseaux, les poissons ou les petits mammifères ont survécu, protégés dans les fleuves, la boue ou les terriers.

Vont-ils revenir un jour ?

Non, les dinosaures ont disparu et ne reviendront jamais sur Terre. Certaines personnes rêvent de les faire revivre, mais on ne peut pas le faire. Et c'est tant mieux, car ces animaux n'auraient plus leur place parmi nous !